LES ENNEMIS du Petit Soldat

PARIS ET LIMOGES

Henri CHARLES-LAVAUZELLE, ÉDITEUR

LES ENNEMIS

DU

PETIT SOLDAT

LES ENNEMIS

DU

PETIT SOLDAT

Conseils d'un homme de la classe

2' ÉDITION

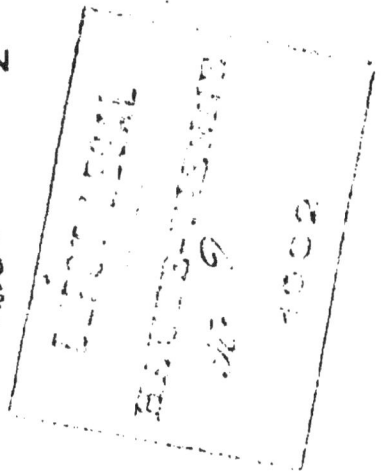

PARIS

HENRI CHARLES-LAVAUZELLE

Éditeur militaire

118, Boulevard Saint-Germain, Rue Danton, 10

(MÊME MAISON A LIMOGES)

1902

LES ENNEMIS

DU

PETIT SOLDAT

———

Te voilà, mon vieux, en train de devenir soldat. Dans un moment, tu auras quitté ta veste ou ta blouse pour revêtir l'uniforme. Peut-être le portes-tu déjà, cet uniforme, et viens-tu de passer, pour ta première sortie, sous l'œil sévère du sergent de garde. En tout cas, avant qu'il ne soit trop tard, je veux te faire profiter de mon expérience et te mettre en garde contre les ennemis que tu vas trouver à la caserne.

Quels sont ces ennemis? — C'est bien ennuyeux de s'en aller de chez soi pour venir faire du pas cadencé ou du maniement d'armes dans la cour du quartier, et tu penses peut-être que je vais te dire : « Tes ennemis, ce sont ceux qui t'ont envoyé ici, ce sont les officiers, c'est l'armée : si on la supprimait, l'armée, la bonne affaire ! » — Mais réfléchis un peu, vieux frère : pour la supprimer, nous ferions bien d'attendre que les autres pays n'aient plus de soldats. S'ils en ont encore et nous pas, ils nous tomberont dessus. Ça te plaira-t-il bien, dis-moi, de voir arriver chez toi de gros Allemands avec leur casque à pointe, ou encore des Anglais, des Espagnols ou des Italiens, qui mettront ta maison au pillage, boiront ton vin, prendront comme otage ton père à cheveux blancs, diront des grossièretés à ta mère et à tes sœurs, et, si ton petit frère en pleurant les ennuie, lui enverront brutalement un coup de botte qui le tuera, comme cela s'est vu ? Ne seras-tu pas content qu'il y ait en France une armée solide, lorsqu'ils voudront passer la frontière ou débarquer sur nos côtes ? Ce que tu peux dire, c'est qu'on te fait pivoter bien longtemps au régiment : avec de la bonne volonté, tu arriverais, en moins de temps, à savoir tout ce que tu apprendras dans tes trois ans. Cette fois, tu n'as peut-être pas tort. Mais à cela tu ne peux rien ni moi non plus ; tu sais que nos députés s'en occupent ; peut-être auras-tu la surprise d'être renvoyé chez toi avant la fin de tes trois ans, si la loi se fait d'ici là. En attendant, puisque tu es au régiment, l'essentiel est d'y passer ton temps le moins mal qu'il sera possible.

Alors cherchons encore quels sont ces ennemis que tu vas trouver sur ton chemin. Seraient-ce tes camarades ? Oui et non. Ils ne te veulent pas de mal, mais ils pourront t'en faire. Ils ne te veulent pas de mal ; ils te feront peut-être quelques farces, mais sans méchanceté ; le mieux, si tu veux les faire cesser, est de rire avec eux quand ils s'amuseront de toi : ils verront que tu as bon caractère et te laisseront tranquille. — Mais ils pourront te faire du mal en te donnant de mauvais conseils ou de mauvais exemples. Ils se feront les complices de tes vrais ennemis ; ceux-ci, je vais te les nommer sans te faire languir davantage : ce sont l'*inconduite* et l'*alcool*.

Ce dernier a toutes sortes de noms pour se déguiser et toutes sortes de costumes ; parfois, il met une robe verte pour se faire appeler « madame l'Absinthe », ou jaune, pour devenir « madame l'Eau-de-Vie » ; il s'intitule encore : Amer, Apéritif, Vulnéraire, Tafia. Je prétends que tel ou tel de ces noms est un faux nom, et je le montrerai tout à l'heure pour celui d'apéritif.

Ce qui rend cet ennemi plus redoutable, c'est qu'il se présente comme notre ami. C'est un empoisonneur fieffé, et il veut se faire passer pour un grand médecin. Comment cela ? — Bien des gens, ses complices, te diront qu'il est doué de propriétés merveilleuses, et il semble que cela soit vrai. Mais regardons-y de plus près.

Par une froide journée d'hiver, une goutte d'eau-de-vie ou d'une autre liqueur contenant de l'alcool ne nous réchauffe-t-elle pas ? — Oui, l'alcool nous réchauffe, mais à la manière d'un fer rouge : il nous réchauffe *en nous brûlant*. Essaie de garder une gorgée d'eau-de-vie quelques minutes dans la bouche; tu auras une sensation de brûlure, et tes gencives deviendront blanches ; dans ton estomac, où cette gorgée d'alcool restera peut-être deux ou trois heures, elle te brûlera aussi, mais tu ne sentiras qu'un peu de chaleur, parce que nous sentons beaucoup moins bien ce qui se passe dans notre estomac que ce qui se passe dans notre bouche. — A la figure, aux mains, autre illusion : l'alcool, paralysant un moment certains nerfs, fait affluer le sang à la peau; celle-ci est peut-être un peu réchauffée, mais le corps, dans son ensemble, se refroidit. Somme toute, l'alcool nous refroidit en ayant l'air de nous réchauffer.

En prendras-tu du moins pour faciliter ta digestion? Elle s'en trouverait plutôt entravée. Pour que la digestion se fasse bien, le sang doit affluer à l'estomac. Or, l'alcool, nous venons de le voir, le fait affluer à la peau. De plus, imprégnant les aliments, l'alcool retarde l'action du suc gastrique, qui doit les dissoudre pour qu'ils soient digérés.

Mais, sans doute, l'alcool ouvre l'appétit? — Beaucoup, qui étaient sincères, m'ont avoué que rien ne leur ôtait l'envie de manger comme un verre d'absinthe. D'autres, qui ne veulent pas en convenir, prennent avant le repas un « apéritif ». A vrai dire, après avoir avalé un apéritif, on sent une sorte de petit tiraillement analogue à celui de la faim. Mais que se passe-t-il en réalité? De même que nos yeux ne nous servent qu'à voir et non à entendre ou à goûter, notre estomac ne peut nous donner qu'une sensation, le tiraillement que nous sentons lorsque nous avons faim. Si l'on reçoit un grand coup sur l'œil, même en pleine nuit, on voit, comme on dit, trente-six mille chandelles ; de même, quand nous ingurgitons un apéritif qui vient irriter et brûler notre estomac, ce pauvre estomac se plaint de la seule façon dont il puisse se plaindre, en nous faisant sentir son même tiraillement. Le doctour Trousseau disait : « Faire usage d'apéritifs à base d'alcool, c'est s'ouvrir l'estomac avec une fausse clef. » Et, à mon tour, je te dirai : « Prendre un de ces apéritifs pour s'ouvrir l'appétit est aussi astucieux que se donner un coup de poing sur l'œil au lieu d'allumer sa chandelle ! »

Ainsi, l'alcool ne réchauffe pas, il n'aide pas à digérer, il n'ouvre pas l'appétit. Mais, sans doute, l'alcool, par lui-même, donne des forces ? — Sais-tu la différence qu'il y a entre un coup de fouet et un picotin d'avoine ? Tous les deux font marcher le cheval auquel on les donne, mais ne sont pourtant pas tout à fait la même chose. Après un coup de fouet, le cheval, pendant quelques minutes, tire plus vigoureusement sa charrette, mais ce serait une drôle de manière de s'y prendre pour le fortifier que de lui en asséner le plus possible. Le pain, la viande, les légumes sont pour nous comme l'avoine pour le cheval ; le verre d'eau-de-vie, de tafia ou même de vin correspond au coup de fouet. Pendant un moment, nous travaillons avec plus d'ardeur, mais bientôt la fatigue vient, plus grande — ceci est à noter, — que si nous n'avions rien pris. On en a fait l'expérience précise avec un instrument spécial : le travail fourni dans la journée a été un tiers plus fort lorsque l'ouvrier n'a pas pris d'alcool que lorsqu'il en a pris et, à travail égal, l'alcool augmente la fatigue au lieu de la diminuer.

Si l'alcool ne fortifie pas, c'est qu'il ne *nourrit pas*. Pour devenir du sang et de la chair, les aliments doivent se transformer dans notre corps : l'alcool ne se transforme pas, il n'est donc pas un aliment.

J'ai lu quelque part que certains sauvages, pour tromper leur faim, avalaient des boulettes d'une terre grasse. Ceux qui boivent de l'alcool pour se nourrir ou se fortifier sont encore plus maladroits que ces sauvages. Peut-être la terre avalée par ces braves gens leur pèse-t-elle un peu sur l'estomac, je ne leur conseillerais pas d'en manger trop; l'alcool, lui, pour si peu que nous en prenions chaque jour, nous mène à la maladie et à la mort ; l'alcool est un poison lent, mais *un véritable poison*. — Un poison, ah ! la bonne farce ! Nous connaissons le père Jacques ou le père Mathieu qui se grise tous les dimanches, sans parler des jours de fête, et qui se porte aussi bien que toi ou moi. — As-tu rencontré quelquefois un grand chêne qui défiait les ouragans et que soudain, pourtant, un coup de vent a mis à terre, parce que les vers l'avaient rongé à l'intérieur, en n'en respectant que l'écorce ? De même, l'alcool nous prend en traître ; il détruit notre substance sans que cela paraisse, et, quand nous nous apercevons que nous sommes malades, il est trop tard pour nous guérir. D'autres fois, c'est la mort qui prend subitement le buveur ; on dit : c'est un coup de froid, ou : c'est une attaque d'apoplexie, et l'on ne pense pas à accuser le vrai coupable : l'alcool.

Mais voyons un peu ce que devient le petit verre une fois avalé. Nous ne nous en inquiétons pas, d'ordinaire, et c'est là notre tort.

Le voici dans l'estomac ; nous avons
vu que l'alcool, sous une forme quelcon-
que, eau-de-vie, absinthe, amer, etc.,
produit une irritation et une brûlure.
Les parois de l'estomac s'épaississent
et l'estomac se racornit ; de là le man-
que d'appétit, le rejet de crachats et de
glaires. Parfois l'estomac s'ulcère, et, au
bout d'un certain temps, l'ulcère rond
peut amener la perforation de l'estomac
et la mort du buveur après d'horribles
souffrances.

De l'estomac, des intestins qu'il attaque de même, l'alcool passe, sans se
transformer, dans le sang. Le sang se
trouve vicié, et l'alcool chemine désor-
mais dans tout le corps. Comme de juste, il paie de leur hospitalité les ca-
naux où circule le sang : il irrite con-
tinuellement l'intérieur des artères et
les rend dures, rugueuses et cassantes,
« en tuyau de pipe », disent les médecins : cette maladie des vaisseaux san-
guins aboutit généralement à la rupture
de l'un d'eux, c'est-à-dire à une hémorragie interne qui provoque la paralysie

ou la mort immédiate. Le cœur se trouve envahi par une sorte de graisse, fonctionne de plus en plus difficilement et arrive à s'arrêter tout à fait.

Le foie aussi et les reins se transforment parfois en véritables blocs de graisse, ou sont envahis par une substance dure et assez analogue à de la cire ; de là des maladies comme la jaunisse, l'albuminurie, l'hydropisie.

Tu as senti souvent, en causant de trop près avec quelqu'un qui sortait du cabaret, l'odeur de vin ou d'eau-de-vie qu'exhalait sa respiration. Cette odeur vient des vapeurs d'alcool qui traversent les poumons ; ces vapeurs préparent si bien les poumons à recevoir le microbe de la tuberculose que plus de la moitié des tuberculeux, des phtisiques, sont des alcooliques. La tuberculose fait mourir 150.000 Français chaque année; or, « de nos jours, a-t-on pu dire, la tuberculose se prend sur le zinc ».

Le cerveau, le plus noble de nos organes, n'est pas moins gravement atteint. La décrépitude sénile accompagne le durcissement des artères : l'alcool fait en peu de temps d'un homme jeune un vieillard. Ce n'est pas seulement la déchéance prématurée à laquelle se condamne le buveur : la mort subite, par embolie ou par hémorragie, le guette. Dans les artères « en tuyau de pipe », il se forme des caillots qui peuvent boucher l'entrée des petites artères ; la circulation du sang se trouve interrompue dans une partie du cerveau qui ne se nourrit plus et se détruit. Si ce caillot obstrue une artère plus importante, la mort est instantanée. C'est là ce qu'on appelle une embolie. Tu as aussi entendu parler des hémorragies qui produisent des attaques d'apoplexie ou de paralysie : l'alcool rend les artères cassantes, il peut aussi y amener la formation d'anévrismes, petites poches minces qui, un jour, crèvent et laissent le sang inonder le cerveau.

L'alcool imprègne le cerveau ; il y provoque la formation d'un tissu dur, presque corné, qui étouffe et détruit la matière même, la substance pensante du cerveau. Cela n'aide pas, je t'assure, à rester intelligent et bien équilibré. Devenir idiot, c'est la moindre des choses, c'est ce que l'alcoolique peut espérer de moins terrible. Plus souvent, il a des hallucinations,—il voit des animaux fantastiques qui le poursuivent et le terrifient, — ou il en arrive à la folie, depuis le *delirium tremens* jusqu'au crime. Nombreux sont ceux que l'alcool a conduits dans les asiles d'aliénés, nombreux aussi ceux qu'il a menés à la prison, sinon à l'échafaud. Dans le journal, presque chaque jour, tu peux voir cette sinistre rubrique : « Les drames de l'alcoolisme. »

Je veux t'en donner un seul exemple. Un soir du mois de juin, un soldat était rentré ivre à la caserne, en faisant du tapage ; on essaya de le rappeler à l'ordre ; il fut pris d'une rage folle, s'empara de plusieurs paquets de cartouches, saisit son fusil et se mit à *tirer sur ses camarades*. Quand, au bout d'une heure, on put arriver à se saisir de lui, il y avait par terre un blessé et un mort. Le lendemain, il avait perdu tout souvenir de son acte et se refusait à croire qu'il avait commis un crime.

L'on n'en finirait pas, si l'on voulait citer tous les soldats qui, sous l'influence de l'ivresse, se sont laissés aller à des voies de fait envers leurs supérieurs, et tu sais que le Code de justice militaire ne badine pas : Voies de fait envers un supérieur, pendant le service ou à l'occasion du service : *Mort* (art. 223). Or l'ivresse, loin d'être une circonstance atténuante, est plutôt considérée comme circonstance aggravante, car celui qui se met dans cet état pouvait rester sobre. Celui qui commet une faute est puni, mais celui qui la commet en état d'ivresse est puni plus sévèrement encore, car son ivresse n'est qu'une seconde faute ajoutée à la première.

On arrive à l'alcoolisme de deux manières : la première, honteuse et dégradante, est l'ivrognerie. Au régiment, on y regarde à deux fois avant de s'enivrer, car le sergent de garde pourrait bien envoyer le soldat qui rentre en titubant faire connaissance avec « mademoiselle du Chêne », autrement dit la planche peu moelleuse de la prison. Mais la seconde manière, tout aussi sûre, de devenir alcoolique, c'est-à-dire d'arriver à la maladie, à la folie ou même au crime, est l'habitude que l'on prend d'absorber de « petits verres » de liqueur, ne fût-ce qu'*un seul* chaque jour. Dans la vie civile, on boit, le matin, pour « tuer le ver », — je voudrais bien savoir où il est, ce fameux ver qu'on doit tuer tous les matins, — on boit avant de manger, pour se donner de l'appétit, on boit quand on marie sa fille, pour se réjouir, on boit quand on enterre sa belle-mère, pour se consoler ! Dans les années de service militaire, on trouve encore, pour boire, de nombreuses raisons : on boit pour « tuer le temps », « puis tout est occasion pour y revenir, fatigues, marches, tours de garde, jours de liberté ; on boit avant d'aller au tir, pour se donner de l'œil ; avant de partir en marche, pour se donner des jambes ; on boit parce qu'on sort, on boit parce qu'on est consigné ; on s'égare dans d'infâmes cabarets, on y consomme, dans une atmosphère empestée, des liqueurs innommables, véritables poisons dont il suffit de deux verres pour abêtir ou rendre furieux, et un jour on commet l'acte irréparable. Dans un moment de surexcitation, de fureur absinthique, on frappe son sergent et quand, dégrisé, on s'aperçoit de la gravité de son acte, il est trop tard : le Code est inflexible et le conseil de guerre n'a plus qu'à appliquer la loi (1). »

Ainsi, facilement, on s'alcoolise, et s'alcooliser, c'est parfois devenir *criminel*, c'est toujours s'exposer à la *maladie*, à la *folie* et à la *mort*. On a calculé, dans une contrée voisine de la nôtre, qu'à 20 ans, un homme avait chance en moyenne de vivre encore 44 ans, un buveur 15 ans seulement : trois fois moins !

Mais, il y a plus ; en buvant, nous exposons non seulement nous-mêmes, mais les enfants qui naîtront de nous. S'ils ne

---

(1) Conférence du commandant Driant, du 1er bataillon de chasseurs à pied.

meurent tout jeunes de convulsions, ils seront exposés à devenir épileptiques ou fous ; tous, presque sans exception, seront des « dégénérés », difformes physiquement et moralement. Un grand nombre même auront cette impulsion au crime, ce goût du sang qui faisait un jour d'un tout jeune enfant, fils d'un alcoolique, le meurtrier de sa petite sœur !

C'est une chose terrible que d'être alcoolique ! Et il n'est pas besoin de longues années pour le devenir ; on voit bien des jeunes soldats, entrés sobres au régiment, qui croient trouver des forces en buvant, et que l'alcool mène au cimetière avant la fin de leurs trois ans.

Que faut-il boire alors, en hiver, pour se réchauffer, en été, pour se rafraîchir ? Mais, mon pauvre vieux, monsieur de la Palice te le dirait : pour te réchauffer, prends quelque chose de chaud, une bonne soupe ou du café ; pour te rafraîchir, quelque chose de frais, mais où il n'y aura pas d'alcool, du café froid, de la limonade, de l'eau. Tu peux en

croire mon expérience : je ne bois jamais une bouteille de vin ni une goutte
d'alcool, et je n'ai pas eu, dans tout mon
temps, un seul jour d'hôpital ou même
d'infirmerie. Aux grandes manœuvres,
j'ai été moins fatigué que la plupart de
mes camarades. On reconnaissait bien,
je t'assure, ceux qui, au cabaret ou chez
leurs hôtes, avaient trop fêté la dive
bouteille : au départ, on n'entendait
que leurs rires et leurs chants ; vers le
milieu de la route, on les entendait encore, mais la chanson avait changé de
ton : c'étaient des plaintes sur le poids
du sac et la longueur de l'étape ; quand
on arrivait au cantonnement, on ne les
entendait plus : beaucoup n'avaient pu
suivre jusqu'au bout, et ceux qui res-
taient se traînaient à grand'peine : les
malheureux s'en allaient de nouveau
chercher des forces, croyaient-ils, au cabaret, et ils tombaient de plus en plus
bas jusqu'à ce qu'ils fussent tout à fait
malades.

Ne les imite pas, crois-moi. Bois, si
tu veux, un peu de bière, de cidre ou de

vin naturel; en en buvant peu, cela ne te
fera pas de mal, mais fais attention de ne
pas te laisser aller à en boire trop. Dé-
saltère-toi plutôt avec du café, — sans y
ajouter de « goutte », — avec de la limonade, ou tout simplement *de l'eau*. C'est
elle qui te coûtera le moins cher et qui
te vaudra le mieux.

En tout cas, ne touche jamais à l'eau-
de-vie ni à aucune liqueur, car ces liqueurs sont de doubles poisons ; elles
contiennent de l'alcool, dont tu viens de
voir le bel effet, et, pour leur donner
leur goût spécial, des essences, aussi
dangereuses que l'alcool : ainsi l'essence
d'absinthe, qui produit l'épilepsie; l'essence de reine-des-prés, convulsivante
au plus haut degré, qui sert à fabri-
quer le vermouth. Tu vas me dire : dans
certaines occasions, j'aurai bien de la
peine à ne pas en prendre un tout petit
peu, pour me montrer bon camarade. Tu
n'es pas plus bête que moi, je suppose,
eh bien, j'ai toujours réussi à me tirer
d'affaire en pareille occasion : je n'en ai
jamais bu moi-même, ni jamais payé à

personne, et j'ai toujours passé, sans me
vanter, pour un bon camarade.

Ainsi, l'usage était, quand je suis ar-
rivé comme « bleu » au régiment, que
les nouveaux venus payassent, chacun à
leur tour, une bouteille d'eau-de-vie à
la chambrée, avec le café du matin.
Quand mon tour est venu, j'ai emmené
mes camarades à la cantine pour prendre du chocolat ou du café meilleur que
le « jus » de la compagnie. Ils ont été
enchantés et je n'en ai été que mieux
vu.

Défie-toi, conscrit ; de mauvais camarades voudront profiter de ta simplicité ;
ils t'offriront à boire pour que tu leur
rendes la pareille, s'ils savent que tu as
quelques sous. Aie le courage de refu-
ser, n'entre pas avec eux au cabaret où
la tentation serait trop forte ; le premier
pas est dangereux : « on se dit : « *Oh !
pour une fois ! je n'en mourrai pas* »,
et c'est fini, on est pris dans l'engrena-
ge » (1).

---

(1) Commandant Driant.

Te voilà mis en garde contre ton premier ennemi, l'alcool ; je vais te faire faire connaissance avec le second.

Dans quelque sale petite rue de la ville où tu tiens garnison, il y a peut-être un de ces bouges dont le propriétaire, avide de s'enrichir par les pires moyens, livre de pauvres filles à la bestialité des hommes. Tu verras de tes camarades aller y passer leurs soirées « pour s'amuser », disent-ils. Triste amusement, en vérité ! Ils te parleront d'un air ravi de la « petite » dont, là ou ailleurs, ils ont fait la connaissance. Il y a beaucoup de pose là-dedans : ils veulent qu'on les croie heureux ; ils voudraient se persuader à eux-mêmes qu'ils le sont. Mais comment le seraient-ils ? Sais-tu bien ce qu'est cette « petite » dont la pensée semble les réjouir si fort ? En entendant parler d'elle, tu songes peut-être aux filles de ton pays, à leurs joues roses, à leur frais sourire, à leurs chants joyeux; il te semble entendre les éclats de rire jeunes et francs que vous poussiez ensemble, au printemps dernier encore, en

Infanterie.   1..

ramassant les foins sous le radieux so-
leil de juin, et tu revois dans ton rêve
les danses des soirs de fête sur la place
du village. Comme il serait bon, te dis-
tu, dans l'exil où je suis, de retrouver
un peu de ces joies perdues ! — Malheureux ! quels souvenirs vas-tu profaner !
Ces filles vers lesquelles on voudrait
t'entraîner, que l'on te dit d'un charme
si captivant et d'une si entraînante gaîté,
sache-le-bien, elles ne sont ni jolies, ni
gaies, aucune même n'est vraiment jeune. On te dit qu'elles sont fraîches et
roses, et moi je te dis qu'elles sont fanées
et rouges, rouges, entends-tu, d'un rouge
brutal et criard qui fait mal à l'œil, rouges parce qu'elles étaient décolorées et
blafardes et qu'elles se sont peintes, comme l'on repeint une vieille porte ou une
vieille enseigne. On te dit qu'elles sont
joyeuses, et moi je te dis qu'elles sont
tristes, hideusement tristes; sais-tu bien
qu'elles ne savent même plus rire, et que
lorsque, par devoir de métier, elles s'y
essaient encore, leur bouche se crispe
lugubrement autour de leurs dents dé-

charnées, en creusant plus profondes les
rides qu'elle porte dans ses coins. On
voudrait encore te faire croire qu'elles sont jeunes : il en est qui devraient
l'être, à ne regarder que leur âge, mais
leur jeunesse est passée, et bien passée,
assurément ! Ah ! si tu connaissais la dé-
marche fatiguée de ces pauvres corps
épaissis !... Mais, c'est inutile ; ces fem-
mes-là, ne va pas les voir : tu en re-
viendrais écœuré, comme je l'ai été moi-
même quand je les ai vues, avec leurs
yeux hagards, m'apparaître, sinistres
dans leurs efforts pour ne pas l'être, sur
le seuil de leur antre triste comme une
prison.

Dis-moi, les croiras-tu encore ceux
qui auront l'audace de te parler d'a-
mour avec ces femmes ? S'ils les aiment,
eux, je les plains, car cela dénote des
goûts bien bas. Quant à elles, je puis te
l'affirmer, elles ne les aiment point. Un
moment, il est vrai, elles les cajolent,
parce qu'elles espèrent obtenir d'eux un
peu d'argent, un ruban ou simplement
quelque consommation. Mais qui pren-

drait cela pour de l'amour? Quand ils
auront le dos tourné, elles iront à d'autres et leur feront les mêmes avances.
Elles sont à vendre et se donnent à qui
les paie. Il faut n'être pas bien délicat
pour ne pas trouver ce partage ignoble
et répugnant.

Méprisables, ces filles le sont : souvent
pourtant elles ont été plongées contre
leur gré dans le bourbier de la prostitu-
tion; plus méprisables sont les hommes
qui, pour satisfaire leurs passions bestiales, contribuent à les avilir. Et veux-tu
savoir jusqu'où peut faire descendre
l'habitude de ces dégradantes débauches? Ecoute ceci. C'était, il y a quelques
semaines à peine, durant les manœuvres ; un régiment avait été cantonné
dans une petite ville où se trouvait une
de ces maisons infâmes où l'on trafique
de la chair humaine. L'après-midi, les
soldats libres eurent vite fait de la dé-
couvrir et s'y précipitèrent en masse.
Bonne aubaine pour la maison : on al-
lait gagner de l'argent. Seulement, il
fallait contenter tout le monde, on n'a-

vait pas beaucoup de temps, et il n'y
avait là que deux ou trois filles pour
tous ces soldats. Alors, pour hâter la
besogne, elles les firent ranger par grou-
pes, et c'est par groupe que chacune les
emmena dans sa chambre ou plutôt dans
son taudis.

Et pas un de ces hommes n'a été ré-
volté, écœuré ! Ils trouvaient tout naturel d'aller ainsi à trois ou quatre se
partager une femme. Avant de la suivre
eux-mêmes, ils en avaient vu d'autres
les précéder, ils pouvaient se dire :
« Je suis le dixième, le douzième ou le
quinzième qui passe avec elle aujour-
d'hui. » Et en sortant, ils pouvaient
compter encore ceux qui attendaient
leur tour pour se vautrer dans l'ordure
des autres !

Ce sont ces turpitudes que l'on t'of-
fre en les appelant du noble nom d'a-
mour ! Comme tu serais à plaindre si
jamais tu en venais là ! Rencontrées
dans un café-concert luxueux ou dans un
bal public, aussi bien que dans les maisons publiques ou dans la rue, ces filles

sont toutes les mêmes, et je te le dis franchement : de telles amours, on peut les laisser aux animaux immondes !

Tu entendras peut-être tel ou tel, honteux, sans se l'avouer, de sa turpitude, chercher à s'excuser : « Il faut, dira-t-il d'un ton doctoral, il faut que jeunesse se passe », ou, d'un air léger : « Il faut jeter sa gourme. » C'est bien vite fait de dire : « Il faut ! » Demande-lui sur quelles raisons il s'appuie. Il n'en trouvera pas une seule, sinon qu'il l'a entendu dire, ou encore « que tout le monde le sait », moyen facile de se tirer d'affaire.

Consultons, au contraire, les médecins. « Le célibat, dit l'un d'eux, ne saurait être ni impossible ni dangereux. Les maux de l'incontinence sont connus, incontestés ; ceux que provoquerait la continence sont supposés, imaginaires. Ce qui le prouve, c'est que de nombreux ouvrages, savants et volumineux, ont été consacrés à exposer les premiers, et que les autres attendent encore leur historien. Il n'y a, à cet égard, que de vagues allégations qui se dissimulent honteusement dans les conversations et ne supporteraient pas la lumière du grand jour.»

« Je vous mets au défi, ajoute un autre docteur, de me trouver dans toute l'histoire de la médecine, chez tous les peuples, une seule maladie, vous entendez bien, *une seule*, qui puisse être causée par l'abstention des rapports sexuels. »

Sais-tu, au contraire, à quoi tu t'exposes en fréquentant ces filles? Je vais te le dire, afin que plus tard, si tu t'es rendu malade par ta faute, tu ne t'écries pas amèrement : « Ah! que ne s'est-il trouvé quelque ami pour m'avertir! »

Si tu abuses, dans ta jeunesse, de tes facultés viriles, tu te prépares, pour ton âge mûr, un triste avenir. Tu ouvres la porte à l'anémie, à la tuberculose, aux maladies nerveuses. Ces excès sont aussi la cause la plus fréquente de l'ataxie locomotrice, maladie de la moelle épinière qui se traduit d'abord par des douleurs extrêmement vives, puis par l'impossibilité de régler ses mouvements, pour aboutir au délabrement complet et à la mort. Prends-y garde, car l'abus est bien près de l'usage : de l'un à l'autre, la pente est courte et glissante.

Et, sans aller jusqu'aux excès, tu t'exposes à toutes les maladies qu'on appelle les maladies honteuses, car honteuses, elles le sont en effet. Rappelle-toi qu'en visitant des milliers de filles mineures insoumises, on en a trouvé plus de la moitié qui étaient atteintes de ces maladies, et remarque bien que je te parle de mineures, c'est-à-dire de filles qui avaient eu moins souvent que d'autres, plus âgées, l'occasion d'être contaminées ; on peut le dire : sur le nombre considérable d'hommes que ces filles fréquentent, il s'en trouve fatalement un qui, malade, leur communique sa maladie, et elles la transmettent ensuite à tous les autres : elles peuvent même contracter plusieurs de ces maladies honteuses, qui ne s'excluent pas l'une l'autre.

Mais certaines de ces filles sont pla-

cées sous la surveillance de la police ; ne
présentent-elles pas des garanties suffi-
santes de santé ? — Dangereuse illusion ! A moins d'attacher à chacune
d'elles un agent et un médecin, peut-on
savoir si, une heure après la visite médicale, elles n'auront pas contracté avec
quelqu'un de leurs clients une honteuse
maladie ? A la prochaine visite médicale,
si leur patron ne trouve moyen de les
y soustraire, leur carte leur sera, il faut
l'espérer, retirée, ce qui ne les empê-
chera pas de continuer clandestinement
leur abject métier, mais, d'ici là, elles
vont, pendant des semaines, sous le pa-
tronage de la police, semblera-t-il puis-
qu'elles auront encore leur carte de pros-
tituées officielles, semer sans contrôle la
maladie.

D'ailleurs, point n'est besoin, pour
contracter ces maladies, d'une longue
suite de débauches : un simple contact
suffira pour te donner le germe mor-
bide. « Des exemples ne sont pas rares
de jeunes gens qui ont été contaminés
le jour même où ils perdaient leur vir-

ginité, pas toujours avec des profession-
nelles du vice. » (Docteur Paul Good.)

Quant aux prétendus moyens de pré-
servation contre ces maladies, aux re-
mèdes « infaillibles » pour les guérir, ils
ne sont infaillibles que pour faire la for-
tune des charlatans qui spéculent sur les
vices et la crédulité de la jeunesse. A
part cela, le meilleur ne vaut rien.

Que sont au juste ces maladies? Je
vais essayer de te le dire en quelques
mots, sans rien te cacher, sans rien exa-
gérer. Pour te donner toutes les garanties possibles d'exactitude, je vais suivre
pas à pas un petit livre écrit par un médecin (1) ; je reproduirai même souvent
ses propres expressions.

Commençons par celle de ces maladies qui passe pour la moins dangereuse,

---

(1) Docteur Paul Good, ancien médecin de la ma-
rine, ex-interne des hôpitaux, *Hygiène et morale*,
étude dédiée aux jeunes gens, Saint-Étienne, bu-
reaux du *Relèvement social*, 2, rue Balay. Prix :
60 centimes. Les citations sans nom d'auteur qui se
trouveront dans la suite sont tirées de cet excellent
opuscule que je te conseille de lire.

par la blennorrhagie. Le microbe de la
blennorrhagie provoque, dans le canal
de l'urèthre, un écoulement de pus, toujours long à guérir, et que les traitements préconisés par des réclames éhon-
tées peuvent rendre à peu près incurable.

Même guérie, la blennorrhagie laisse
souvent après elle des rétrécissements
de l'urèthre qui mettent le patient dans
l'impossibilité d'uriner et l'obligent à
recourir à des interventions chirurgica-
les. — Elle n'est d'ailleurs pas, comme
on serait tenté de le croire, une maladie
purement locale ; elle amène en réalité
une infection de tout l'organisme ; souvent, à sa suite, des abcès impriment sur
le corps leurs stigmates indélébiles,
quand ce n'est pas l'arthrite blennorrhagique qui ankylose les articulations et
fait d'un jeune homme vigoureux un
malheureux impotent.

La complication la plus fréquente de
la blennorrhagie est l'orchite, ou inflammation du testicule. Si l'orchite atteint
les deux testicules, elle stérilise à jamais

les facultés viriles. Tant pis, diras-tu, pour celui qui s'est volontairement exposé à contracter cette maladie, mais que penses-tu de ceci : le pus blennorrhagique, porté accidentellement au contact de l'œil, provoque infailliblement une ophtalmie purulente qui entraîne fréquemment la perte de l'œil. De même, un enfant né d'une mère blennorrhagique « est presque fatalement voué à l'ophtalmie purulente double au moment de sa naissance et à la cécité consécutive ». En fréquentant les filles publiques, on court le risque de rendre mère une blennorrhagique, ou, contagionné soi-même, de transmettre un jour à une autre femme, peut-être à l'épouse que l'on aura légitimement choisie pour compagne, le germe de l'horrible maladie. Quel sera l'homme assez vil pour s'exposer ainsi, de son plein gré, à procréer des enfants aveugles, condamnés à une vie de misère ? Cet homme, ce sera TOI si tu ne sais pas résister à la tentation de «t'amuser» de cette triste façon !

Je ne m'étendrai pas longuement sur

l'étude du chancre mou, plaie qui ronge les organes sur lesquels elle s'établit ; j'en arrive tout de suite à la syphilis, digne de donner la main à l'alcoolisme. « Des volumes ne suffiraient pas à contenir l'historique des maux sociaux, moraux et physiques que, depuis son apparition, cette terrible maladie a déchaînés sur le monde entier. »

Due à un microbe spécial, la syphilis, qu'au régiment tu entendras appeler la vérole, n'est jamais spontanée : elle se transmet par contagion et par hérédité. Après un contact contagieux, la maladie couve pendant un certain temps, qui varie de huit jours à deux mois, et l'on ne peut reconnaître alors son existence. Une fois déclarée, elle passe par trois phases successives.

Dans la première période, une lésion, dite chancre induré, se forme au point où a pénétré le virus; comme le chancre mou, le chancre induré peut se compliquer de phagédénisme, « c'est-à-dire qu'au lieu de rester stationnaire, la plaie gagne toujours en étendue et en profondour jusqu'à amener, dans certains cas, la perte totale des organes sur lesquels elle repose »; comme lui aussi, il est accompagné d'inflammation des glandes.

« A la seconde période, cette maladie cause une série de manifestations morbides, parfois fort graves, intéressant la peau, les muqueuses et les viscères. C'est la période des différentes affections syphilitiques de la peau et du cuir chevelu, des affections oculaires et viscérales; c'est aussi celle des troubles de la santé générale : fièvre syphilitique, anémie, asthénie. »

Parvenue à la troisième période, la syphilis provoque des lésions « désorganisatrices et destructives des tissus organiques... Ces lésions sont toujours graves, voire très graves, assez souvent au point de compromettre soit la vie d'un organe, soit même la vie de l'individu ». (Docteur A. Fournier.)

« A cette période, la maladie produit dans la profondeur des tissus, et jusque dans les os et le cerveau, de petites tumeurs spéciales appelées gommes qui se ramollissent, s'ulcèrent parfois, et sont le point de départ d'accidents consécutifs.»

Aucune partie de notre corps n'est à l'abri des ravages de la syphilis, mais « le système nerveux est la victime préférée des accidents de la troisième période de la syphilis » (Docteur Fournier), et, en première ligne, parmi ces accidents, se placent la paralysie générale et l'ataxie locomotrice. Sur 100 syphilis cérébrales, « 19 aboutissent plus ou moins rapidement à la mort, 59 permettent la survie, mais avec des infirmités permanentes et définitives dont la plupart sont à peu près équivalentes à la mort comme résultat ». Sans pousser plus loin cette énumération, je veux te rappeler que cette période est aussi celle des lésions osseuses, dont une des plus fréquentes est la carie des os du nez et du palais, qui cause dans le visage de hideuses déformations.

Si, par hasard, tu te trouves dans une ville où l'on étudie la médecine, demande le musée anatomique, entres-y. Dans quelque coin à l'écart, tu apercevras un rideau vert ou jaune; soulève-le, regarde, et dis-moi ensuite si tu n'as pas frémi à la vue de ces organes déformés, rongés, étrangement colorés de rouge ou de violet. Puis, quand tu seras sorti, songes-y encore et souvent, et redis-toi bien que c'est là ce qui t'attend si tu ne veilles pas sur toi-même.

Peut-être, pauvre garçon, l'un de ceux à qui je parle, crains-tu déjà de sentir les premières atteintes du mal horrible. Que faire alors? Va trouver le major, sans tarder et sans craindre : prenant le mal dès le début, il pourra peut-être l'enrayer. Pourra-t-il te guérir complètement? Pour te répondre, je laisse la parole au docteur Good : « Cette maladie est incurable en ce sens que, si, par des traitements appropriés, on peut espérer pallier aux accidents dont elle est la cause, il est impossible de pouvoir certifier, fût-ce au bout de 40 et de 50 ans, que l'individu qui a été atteint de la syphilis n'est plus un syphilitique. »

Jamais non plus le syphilitique ne peut être assuré que le danger de contagion a disparu pour ceux qui l'approchent. Et cette contagion s'exerce avec la plus grande facilité. Qu'il ait une de ces lésions de la bouche ou des lèvres, si fréquentes chez les syphilitiques, son tuyau de pipe, son «quart», sa cuiller, le baiser même qu'il donnera à sa mère ou à sa sœur seront empoisonnés de cette contagion. Tu veux, sans doute, un jour te marier, quand tu rentreras au pays : peut-être as-tu déjà une promise qui t'attend. Pense à elle quelquefois, pense à celle que tu vois en rêve comme la compagne de ton avenir, et dis-toi bien que le syphilitique infecte de son mal contagieux la chaste jeune fille qui s'est conservée pure pour devenir son épouse.

Comme je te le disais tout à l'heure des tares de l'alcoolisme, la syphilis aussi est héréditaire : « Qu'il ait ou non communiqué sa maladie à sa compagne, le syphilitique peut être à peu près sûr d'une chose, c'est qu'il la communiquera à ses enfants : loi mystérieuse de l'hérédité qui reporte sur de petits êtres innocents le résultat des fautes paternelles. »

Un grand nombre des enfants pro-
créés par un syphilitique ne naissent pas
viables : on cite des familles dont tous
les enfants, parfois nombreux, — comme
telle famille qui en eut onze et les per-
dit tous, — sont morts sans exception à
l'aube de la vie, à cause de la maladie
que leur père avait contractée alors qu'il
était jeune homme. Ceux qui survivent
portent en eux le germe de la maladie,
et, au bout de quelques semaines souvent, parfois au bout de dix, de vingt
ans seulement, la syphilis éclatera subitement en eux; à leur tour, d'ailleurs, ils
pourront transmettre à leurs enfants
« une partie de ce triste héritage ».

Et si toute une famille est ainsi ruinée
et détruite, si le père et les fils, malades,
ne peuvent souvent pas gagner leur pain,
si les filles ne peuvent se marier de peur
d'infecter leur nouveau foyer, tout ce
mal, toute cette désolation vient d'un
moment de faiblesse où le jeune homme,
qui depuis est devenu l'auteur de cette
famille, a prétendu *jeter sa gourme,
faire comme les autres, s'AMUSER!*

Ah ! crois-moi, conscrit, si tu ne veux te préparer pour plus tard bien des remords cuisants et des larmes brûlantes, ne mets jamais les pieds dans un de ces cafés-concerts ou, dans une de ces maisons infâmes où l'on va pour « faire des connaissances ».

Tes camarades, pour t'entraîner, ne manqueront pas de te dire : « Quel mal y a-t-il à entrer, tant qu'on ne fait que causer un brin avec ces filles : tu ne seras pas forcé de faire autre chose, si tu crains de te rendre malade. » D'abord, je ne vois pas le plaisir que l'on peut trouver à écouter, dans une salle étouffante, au milieu de la fumée des pipes, la conversation ordurière de ces filles, et les caresses d'un serpent me paraîtraient moins répugnantes que les leurs. Surtout, je sais bien que, par leurs manèges, elles feront tout pour t'entraîner dans la petite chambre à côté, car là elles te tiendront par les passions bestiales : elles t'auront fait leur esclave.

Devant ces cafés interlopes, devant ces maisons de débauche, dis-toi bien

que si tu entres, tu ne sais pas si tu res-
sortiras indemne : *peut-être, dans une
heure, seras-tu souillé pour toute ta vie.*

Dis alors franchement : *Non,* aux mauvais camarades qui voudraient te faire
entrer, et laisse-les, s'ils le veulent, rire
de ton refus. Ils ne riront pas longtemps;
bientôt, je te parle par expérience, ils
apprendront au contraire à t'estimer, car
ils reconnaîtront que tu as une volonté
ferme, que tu es un homme, et non un
enfant. Et je te le demande : lequel mé-
riterait le plus qu'on se moque de lui, si
l'on ne le plaignait pas trop pour en rire : celui qui paie parfois du plus clair
de son argent sa ruine physique, intellec-
tuelle et morale, ou celui qui refuse de
l'imiter ?

Voilà donc tes ennemis démasqués, petit soldat, mais ce sont des ennemis d'un
genre spécial, qu'on ne combat qu'en les
fuyant, et mon conseil de vieux camarade est celui-ci : pour ne pas t'exposer
à une défaite, n'entre pas au café, et
moins encore dans les maisons de filles.

Je sais bien pourquoi tu y entrerais,

pourquoi beaucoup de tes camarades y vont, c'est parce qu'à la caserne, après la soupe du soir, on s'ennuie. Je pourrais te dire qu'un peu d'ennui vaut mieux que les maux et les malheurs dont nous avons parlé, mais *je ne veux pas que tu t'ennuies* : tu auras souvent de rudes journées, et comme je m'intéresse à toi sans te connaître, je trouve qu'il te faut le soir du repos et de la distraction. Où les trouver sans te faire de mal? voilà ce que nous allons chercher ensemble.

Informe-toi s'il n'existe pas dans ta garnison un cercle ou une salle de lecture pour les militaires. Dans ces salles, tu entreras sans rien payer, comme chez toi : tu trouveras des livres, des jeux, peut-être un billard; tu auras de l'encre et des plumes pour écrire ta correspondance au coin du feu. Dans certaines de ces salles, où je suis allé, on nous offrait du thé en hiver, pour nous réchauffer. Ce sont des personnes qui s'intéressent aux petits soldats de France qui ont organisé ces cercles et ces salles de lecture. Tu retrouveras là des camarades, et je

t'assure que tu y passeras de bonnes soirées. Si tu ne sais pas à qui t'adresser,
pour demander s'il existe une de ces salles dans ta garnison, demande-le sans
crainte à ton capitaine ou à ton lieute-
nant : ils te le diront avec plaisir; dans
certaines garnisons, les officiers eux-
mêmes ont créé des organisations de ce
genre (1).

Si, par malheur, il n'y a rien de sem-
blable dans la ville où tu te trouves,
cherche quelques camarades de ton pays,
que tu connaisses pour des gens rangés,
et trouvez quelque part une petite pièce
où vous serez chez vous, où vous mettrez
vos valises. Vous achèterez quelques
jeux : des dominos, des dames, un loto,
et le soir, vous irez faire votre partie
tout à votre aise. Vous n'y dépenserez

---

(1) Je serais très reconnaissant à tous ceux qui
voudraient bien, par l'intermédiaire de l'éditeur de
cette brochure qui me fera parvenir leurs lettres,
m'envoyer des renseignements aussi complets que
possible sur les cercles ou salles de ce genre dont
ils auraient connaissance. Il serait fort utile que
je pusse joindre à cette petite brochure une liste
de ces salles et de leurs adresses.

pas beaucoup chacun; tu arrives sans
doute au régiment avec quelques sous
dans ta bourse : en y joignant ce qu'ont
apporté tes camarades, vous paierez les
premières dépenses.

Ensuite, de chez vous on vous enverra
peut-être de temps en temps « un petit
cheval » qui vous aidera à faire un bout
de chemin, autrement dit un petit man-
dat-poste : employez-le à cela plutôt que
de vous laisser mener au café pour le
faire passer dans la poche du marchand
de vin. Il y a la paie aussi; je le sais
bien, comme dit la chanson :

« Un sou par jour, pour un soldat,

» Ce n'est pas un' somme épatante »,
mais en l'employant bien, son sou, on
peut en tirer parti, surtout quand on se
met à plusieurs ensemble.

Ce que je puis te dire, c'est que même
si vous n'êtes que deux ou trois pour faire les frais de votre petite installation,
même si tu les fais tout seul, tu dépen-
seras moins que si tu vas passer tes soirées au café ou ailleurs.

Essaie de ce moyen : d'autres l'ont fait

et s'en sont trouvés bien. De toute façon,
garde-toi de tes deux ennemis. Pour résister à la tentation, si le combat qui se
livre en toi est rude et difficile, cherche
la force nécessaire pour vaincre dans ce
qu'il y a en toi de plus noble et de meilleur. Si tu as une religion, demande à
Dieu, par la prière, son aide et son se-
cours. Pense, qui que tu sois, à ceux que
tu aimes; pense à la femme, aux enfants
que tu auras un jour; pense au vieux
père ou à la pauvre mère dont tu ne
voudrais pas briser le cœur. Pense enfin
à toi-même, à ta dignité, à ton bonheur,
car, de l'alcoolisme ou des appétits mal-
sains, un seul est suffisant pour transformer un homme en une véritable brute,
un seul suffit à le rendre malheureux
pour toute sa vie.

Un dernier mot : des camarades vont
te dire : « Tout cela est bel et bon ;
maintenant, viens avec nous chez le mas-
troquet du coin ; on va te payer un
verre. » Je te l'ai dit dès le commence-
ment : tes camarades se feront parfois
les complices de tes ennemis. Ils vou-

dront profiter de ta bourse, s'ils la croient bien garnie ; ils voudront te conduire partout avec eux, ne fût-ce que pour s'amuser de tes étonnements. Ils essaieront, en te flattant ou au contraire en te lançant leurs moqueries, de te mener à leur guise : ils penseront que tu es un naïf, et voudront en tirer parti. Un homme averti en vaut deux, dit le proverbe : te voilà averti ; montre-leur que tu n'as pas peur d'eux et que tu n'es pas un imbécile.

C'est là le conseil que te donne

Ton ancien,

R. F. Lheureux.

Paris et Limoges. — Imp. milit. H. Charles-Lavauzelle.

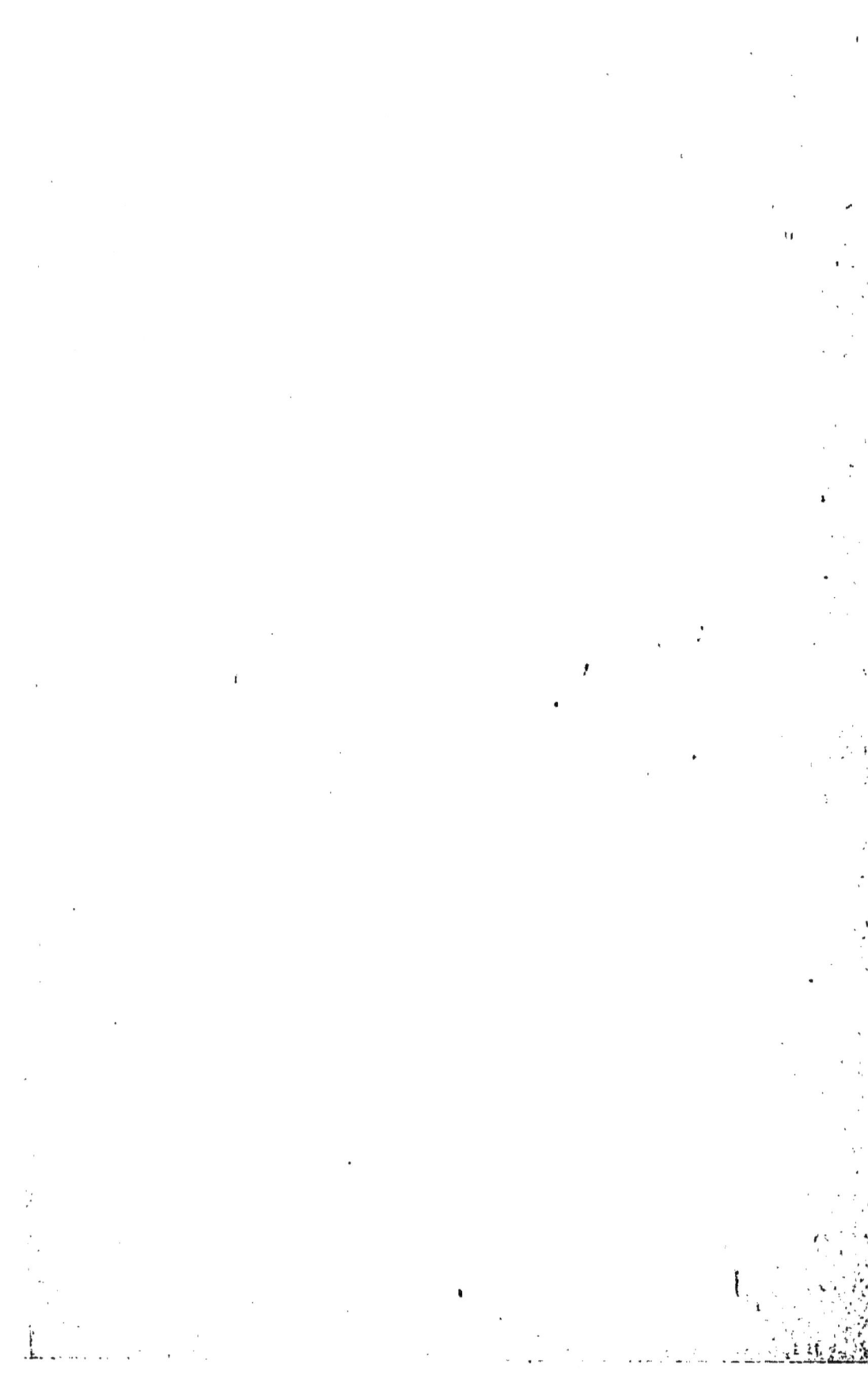

Librairie militaire Henri CHARLES-LAVAUZELLE

Paris et Limoges

EDUCATION MILITAIRE DE LA JEUNESSE. — **Le jeune conscrit**, par un vieux capit. — Br. in-32, 76 p. » 50

De l'influence des idées religieuses sur l'état militaire, par P.-J.-J. DURAND, chef de bataillon au 57e d'infanterie. — Brochure in-8° de 56 pages. 1 25

La vie militaire. — Broch. in-8° de 20 pages. » 60

Chants militaires, chansons de route et refrains de bivouac, par le commandant DU FRESNEL, ✠ (4e édition, revue et augmentée). — Vol. in-32 de 128 p., br. » 50; relié pleine toile gaufrée. » 75

Sonneries et marches du règlement du 29 juillet 1884, sur l'exercice et les manœuvres de l'infanterie, avec paroles du commandant DU FRESNEL, ✠ (2e édition). — Volume in-32 de 96 pages, broché.... » 50; relié pleine toile gaufrée.... » 75

Marche de l'instruction. — Instruction théorique et pratique des élèves caporaux. — Ecoles régimentaires. — Manœuvres de garnison. — Manœuvres de nuit — Chargement des sacs. — Instruction des dispensés candidats au grade de sous-lieutenant de réserve et des officiers de la réserve et de l'armée territoriale (2e édition). — Vol. in-32 de 332 pages, cartonné..... » 75

Questionnaire sur les différentes parties de l'instruction théorique des jeunes soldats (3e édition). — Vol. in-32 de 168 p., couvert. parch... » 75

Conseils aux sous-officiers et caporaux, par le commandant breveté FAURIE, professeur à l'Ecole supérieure de guerre. — Br. in-32 de 64 pages. » 30

Dressage du soldat au service en campagne et au combat en ordre dispersé, par le commandant breveté FAURIE, professeur à l'Ecole supérieure de guerre. — Vol. in-32 de 104 pages, cartonné. » 75

Service en campagne d'une compagnie d'interie, par le capitaine BOSCHET, avec 27 croquis, cartes ou plans. — Vol. in-8° de 240 pages..... 4 »

www.ingramcontent.com/pod-product-compliance
Lightning Source LLC
Chambersburg PA
CBHW071004280326

41934CB00009B/2175